Joan Lloyd Guest

Den Eltern vergeben ...

... sich als Erwachsene
begegnen

W0227227

FRANCKE

Verlag der Francke-Buchhandlung GmbH

InterVarsity Press, USA,
ist die Verlagsabteilung der InterVarsity Christian Fellowship.
Diese ist Mitglied der International Fellowship of
Evangelical Students/IFES, der Internationalen Studentenmission.
Auskunft über die Studentenmission in Deutschland (SMD)
und die IFES erhalten Sie über die Zentralstelle
der Studentenmission in Deutschland (SMD),
Universitätsstraße 30, Postfach 554, W-3550 Marburg /Lahn.

Die Deutsche Bibliothek – CIP-Einheitsaufnahme
Guest, Joan Lloyd:
Den Eltern vergeben ... : ... sich als Erwachsene begegnen/
Joan Lloyd Guest. [Dt. von Ingo Rothkirch]. –
Marburg an der Lahn : Francke, 1993
(Edition C : L [Leuchtspur-Zeichen] ; Nr. 98 : Frauensache)
ISBN 3-86122-069-5
NE: Edition C/L

Alle Rechte vorbehalten
Originaltitel: Forgiving your Parents
© 1988 by Joan Lloyd Guest
Published by InterVarsity Press, Downers Grove, IL, USA
© der deutschsprachigen Ausgabe
1993 by Verlag der Francke-Buchhandlung GmbH
3550 Marburg an der Lahn
Deutsch von Ingo Rothkirch
Umschlaggestaltung: Herybert Kassühlke
Satz: Druckerei Schröder, 3552 Wetter/Hessen
Druck: Schönbach-Druck GmbH, Erzhausen

Frauensache
Edition C, Nr. L 98

Inhaltsverzeichnis

Beziehungen im Wandel 10

Ursachen 15

Alte Wunden 21

Wer hat das Sagen? 28

Unsere Lebensgeschichte —
wir schreiben sie um 32

Schritte in die richtige Richtung 38

Wir machen Fortschritte 50

Wir übernehmen Verantwortung 55

Wir lesen in der Familienchronik 58

Der Umgang mit Kindern 65

Gnade 67

Susans Mutter stand ganz plötzlich auf, machte auf dem Absatz kehrt und ging ins Haus. Susan schüttelte den Kopf, denn ihr war nicht klar, was gerade geschehen war.

Es war der dritte Tag ihres Besuches bei den Eltern. Sie hatte im Garten gesessen und eine Zeitschrift gelesen, als ihre Mutter herauskam, um sich mit ihr zu unterhalten. Schon am Morgen waren die beiden aneinandergeraten. Doch nun fing Mutter an, aus ihrer eigenen, gar nicht so schönen Kindheit zu erzählen: wie schlecht man sie behandelt hatte, wie Vater gedroht hatte, die Familie zu verlassen und vieles mehr. Susan kannte das meiste davon schon, und eigentlich hatte sie keine Lust, sich alles noch einmal anzuhören. Sie vermutete, daß Mutter es darauf anlegte, in ihr Schuldgefühle zu wecken, indem sie ihr zu verstehen gab: „Mein Leben war hart genug, warum behandelst du mich nun auch noch so?" Susan versuchte zu lesen und wollte für den Augenblick nur in Ruhe gelassen werden. Sehr viele unfreundliche Gedanken kamen in ihr hoch, nachdem ihre Mutter so plötzlich davongelaufen war.

Susan saß gedankenverloren auf der Gartenschaukel. Was in aller Welt ging bloß im Kopf ihrer Mutter vor? Susan ließ noch einmal an sich vorüber ziehen, was die Mutter über ihre eigene Kindheit gesagt hatte. Leicht hatte sie es wirklich nicht! Ihre Eltern kümmerten sich offensichtlich wenig um die Kinder. Und Susan wußte von ihrer Mutter, daß sie sich trotz vieler Talente und Erfolge immer wieder unsicher fühlte. Auch ihrem Mann und ihrer Tochter gegenüber empfand sie sich unterlegen.

Doch auf einmal war es Susan klar, daß sie es war, die jetzt den Versuch unternehmen konnte, die Spannungen in der Beziehung zu mildern. Sie besaß mehr Selbstvertrauen, sie hatte sich selbst besser in der Gewalt und war sich stärker ihrer Gefühle bewußt. Man mußte wohl davon ausgehen, daß, wenn Susan jetzt nicht einen reifen Umgangston mit ihrer Mutter fand, es bei den Spannungen zwischen ihnen bleiben würde. Sie atmete einmal tief durch. Anstatt auf die Gefühlsausbrüche ihrer Mutter einzugehen — ihre Selbstverteidigung und ihre versteckte Kritik an der Tochter —, mußte Susan Zugang zu ihrer inneren Gefühlswelt bekommen. Susan vermutete nämlich, daß sie sich abgelehnt und schuldig fühlte.

Susan stand langsam auf und ging ins Haus. Ihre Mutter putzte gerade das Bad. Susan legte die Arme um sie und sagte: „Mutti, es tut mir leid, daß du so eine schlimme Kindheit hattest. Ich hab' dich lieb." Sie sprachen noch eine Weile miteinander, und schließlich kam es, daß sie sich in die Arme fielen und weinten. Die Spannung zwischen ihnen hatte sich buchstäblich in Luft aufgelöst.

Beziehungen im Wandel

D ie Beziehungen zwischen erwachsenen Kindern und ihren Eltern können tatsächlich sehr schwierig sein. Die meisten Menschen haben im Umgang mit ihren Eltern immer wieder das Gefühl, enttäuscht worden zu sein. Vielleicht geht es Ihnen genauso.

Wenn ich fern von meinen Eltern bin, dann arbeite ich zufriedenstellend, ich bin eine gute Mutter, eine liebende Ehefrau, ein zuversichtlicher, warmherziger und freundlicher Mensch. Doch sowie ich bei meinen Eltern bin, scheine ich mich wieder in jenes weinerliche, verbitterte und unsichere Kind zu verwandeln, das ich früher einmal war. Die Verwandlung geschieht geradezu in einem Augenblick. Sobald ich aus meinem Auto steige und die Auffahrt zum Haus betrete, baut sich in mir eine Spannung auf. Jetzt, da ich erwachsen bin, versuche ich, mich diesem

Rückfall in kindliche Verhaltensweisen zu stellen und Veränderung zu schaffen.

Diese kleine Schrift wendet sich an Menschen, die wie ich ein besseres Verhältnis zu ihren Angehörigen haben möchten. Sie ist nicht für Menschen gedacht, denen schweres Leid zugefügt worden ist — körperlich oder seelisch. Doch gelten einige Prinzipien für alle, denn den meisten von uns ist auf die eine oder andere Weise, wenn auch in milderer Form, Leid angetan worden. Das mißhandelte Kind muß sich jedoch mit Dingen auseinandersetzen, die viel tiefer gehen, die zerstörerischer sind und den meisten von uns erspart bleiben. Für solch einen Menschen mag es unmöglich und unter Umständen auch nicht einmal geraten sein, eine verbesserte Beziehung anzustreben. Der Betreffende mag lieber geradewegs zu einem ausgebildeten Seelsorger gehen, um der gestörten Beziehung zu den Eltern auf den Grund zu gehen.

Die meisten von uns haben jedoch ganz normale Eltern, die zwar so manches Mal die Beherrschung verlieren konnten, die aber trotzdem immer versucht haben, ihr Bestes zu geben. Sie wollten Gutes für uns tun, und meistens ist ihnen das auch gelungen. Doch ihre eigenen menschlichen Schwächen standen ihnen manchmal im Weg, so daß sie nur noch eingeschränkt in der Lage waren, die Familie zu betreuen und zu versorgen. Die Art und Weise, wie sie ihre Liebe ausdrücken wollten, war nicht immer geeignet, die beabsichtigte Botschaft zu vermitteln. Und sie hatten eine bestimmte Erwartungshaltung, was das Verhalten und die Lebensumstände ihrer Kinder anging, der diese nicht immer entgegengekommen sind. Das mag zu Enttäuschung und Frustration im Erwachsenenleben geführt haben.

So, wie unsere Eltern ganz menschlich irren konnten, geht es uns doch heute genauso. Als Kinder haben wir uns ein eigenes Bild davon gemacht, was unsere Eltern jeweils sagten oder taten. Dadurch mag manches, was in bester Absicht geschah, ins schlechteste Licht gerückt worden sein, und das redliche Bemühen unserer Eltern schien nun Unrecht zu sein. Eine kritische Bemerkung von ihnen, die schon vor Jahren gefallen ist, kann durchaus immer wieder beim erwachsenen Kind abgespielt werden und ins Maßlose ausufern, so daß schließlich die Eltern für die eigenen Probleme verantwortlich gemacht werden.

Wenn Sie ähnlich denken wie ich, dann wollen Sie mehr als einen trügerischen Waffenstillstand zwischen sich und Ihren Eltern. Sie wollen eine offene und ehrliche Beziehung, in der man sich gegenseitig annimmt. Sie möchten als ein gleichberechtigter Partner und als ein Erwachsener ernst genommen und nicht wie ein Kind behandelt werden. Sie wollen in die Lage versetzt werden, Ihren Eltern respektvoll und als wirklich Erwachsener entgegenzutreten. Sie wollen all die Bitterkeit hinter sich lassen, die sich in Ihnen angestaut hat.

Warum ist es nur so schwierig, negative Gefühle hinter sich zu lassen und eine konstruktive

Beziehung zu den engsten Familienangehörigen aufzubauen? Warum steigen unbeherrschbare Empfindungen in uns auf, wenn wir mit unseren Eltern zusammenkommen, ja selbst dann, wenn wir nur miteinander telefonieren?

Ursachen

E s gibt viele Gründe, warum wir Probleme mit unseren Eltern haben, selbst wenn wir schon längst erwachsen sind (manchmal sogar, wenn sie bereits nicht mehr leben). Da mag sich Groll über Jahre hinweg aufgebaut haben, und die Chancen stehen schlecht, daß wir ein offenes Verhältnis zu unseren Eltern bekommen, wenn wir uns mit dem Problem nicht auseinandersetzen. Schwierigkeiten können die verschiedensten Ursachen haben.

Zunächst einmal kann Unmut entstehen, weil wir selbst noch als Erwachsene die Zustimmung unserer Eltern suchen. Genauso wie damals, als wir noch Kinder waren, möchten wir, daß sie stolz auf uns sind, daß sie uns liebhaben und an unserer Freude teilhaben. Doch weil wir jetzt herangewachsen sind, unser eigenes Leben führen und Werte selbst bestimmen, ist es weitaus schwieriger, jene Zustimmung zu erlangen, die wir bekamen, als wir noch klein waren.

Jahrelang meinte David, seine Eltern seien tief enttäuscht, weil er keine Lust hatte, Medizin zu studieren und Arzt zu werden. Während seiner ganzen Schulzeit waren die Naturwissenschaften (und vor allem die Medizin) seine besonderen Interessengebiete. Als diese sich dann allerdings während seines Studiums verlagerten — besonders, als er dann Geschichte zu seinem Hauptstudienfach machte —, war man zu Hause gar nicht erfreut. Weil später nie viel darüber gesprochen wurde, vermutete David, daß die Ablehnung fortbestand, auch wenn er inzwischen seinen Magistertitel und einen guten Arbeitsplatz hatte.

Eines Tages zeigte er dann seinen Eltern das neue Bürogebäude, in dem er arbeitete. Es schien ihnen zugefallen, und einer von ihnen sagte: „Wir sind sehr stolz auf dich."

„Wirklich?" fragte er. „Ich dachte, ihr wolltet noch immer, daß ich Arzt werde."

Schon jahrelang hatten sie offensichtlich überhaupt nicht mehr an die Medizin gedacht. Doch David wußte es eben nicht. Die Eltern hatten sich nie sonderlich über sein gutes Vorankommen geäußert, und er hatte auch nicht nachgefragt. Er besaß also ihre volle Zustimmung, ohne es zu wissen.

Diese Geschichte macht eins sehr deutlich: David selbst, und nicht seine Eltern, hatte sich die Medizin als ideale Karriere in den Kopf gesetzt. Die Mißbilligung, die wir von unseren Eltern zu hören meinen, kann durchaus von uns selbst kommen. Während wir noch Kinder sind, verinnerlichen wir viele Wünsche und Erwartungen unserer Eltern. Aus dem, was diese äußern (ganz gleich, ob wir es recht verstanden haben oder nicht), machen wir uns ein idealisiertes Bild von unserer eigenen Persönlichkeit, so, wie sie sein sollte. Wenn wir diesem Idealbild dann nicht entsprechen, hören wir eine innere Stimme, und mit großer Wahrscheinlichkeit ist es die unserer Eltern. Sie vermittelt uns, wir hätten versagt. Tatsächlich aber kann diese Stimme ein reines Phantasiegebilde unserer Seele sein und, wie David herausfand, keineswegs den wahren Gefühlen unserer Eltern entsprechen.

Nur allzu natürlich wäre es, wenn wir als nächstes unsere Vermutungen auf die Probe stellen würden, indem wir die Eltern fragen, ob unser idealisiertes Selbstbild überhaupt etwas mit dem Menschen zu tun hat, der wir unbedingt sein wollen. Davids schlichter Satz: „Ich dachte, ihr wolltet noch immer, daß ich Arzt werde", bedeutete ein Risiko für ihn. Doch die Antwort, die er erhielt, half ihm dabei, seine Eltern und auch sich selbst viel besser zu verstehen.

Hin und wieder werden wir natürlich feststellen müssen, daß die Eltern unseren Entscheidungen und Werten ablehnend gegenüberstehen. Gerade in Erziehungsfragen ist mir dies häufig genug begegnet. Jetzt, wo ich meine eigenen Kinder habe, wird mir von Eltern und Schwiegereltern deutlich zu verstehen gegeben, wie unsere Kinder zu erziehen sind. Manches davon ist natürlich hilfreich (auch wenn es oft genug bei mir auf taube Ohren stößt), und anderes ist es nicht. Bei einem Besuch verkündete neulich eine der Großmamas, daß die Eßgewohnheiten unseres Sprößlings im Vorschulalter ausgesprochen ungesund seien. „Ißt sie denn überhaupt noch etwas anderes als Süßigkeiten?" Und die andere Großmutter meinte vor der versammelten Verwandtschaft, unsere Älteste sei verzogen.

Das hatte getroffen. Ich fühlte mich schuldig und entmutigt, bis ich Wochen später so wütend über diese Behauptungen wurde, daß ich ihnen einfach nicht mehr glaubte. Ich machte mir klar — und ich konnte auch emotional dazu stehen —, daß beide Aussagen schlicht und einfach falsch waren.

Wenn wir auf Kritik unserer Eltern heftig reagieren, dann kann dies daran liegen, daß wir uns auf dem betreffenden Gebiet unterlegen fühlen. Wenn ich mir meiner erzieherischen Fähigkeiten aber sicher bin, dann machen Behauptungen wie die oben erwähnten wenig Eindruck auf mich.

Trotzdem können wir mit Recht darauf bestehen, daß Kritik angemessen vorgebracht wird. Ich entschloß mich, falls solche Sätze noch einmal fallen würden, möglichst ruhig zu bleiben und folgendermaßen zu reagieren: „Ich habe dich ja lieb, aber ich fühle mich durch solche Aussagen einfach verletzt. Was du da behauptest, ist meines Erachtens nicht wahr. Du hast zwar ein Recht auf deine eigene Meinung, doch ich bitte dich darum, daß du sie mir unter vier Augen sagst und nicht, wenn so viele zuhören, schon gar nicht, wenn die Kinder dabei sind."

Alte Wunden

Groll kann aber genauso von Ereignissen aus der Kindheit herrühren. Als Barbara ungefähr zehn Jahre alt war, verliebte sie sich in den kleinen Welpen von Nachbars Hündin. Sie bettelte, man möge doch das kleine Hündchen nehmen, das ohnehin weggegeben werden sollte. Es wurde zwar darüber gesprochen, doch es kam nichts dabei heraus. Das Mädchen bat, die Nachbarn anzusprechen, damit sie den Hund nicht an irgend jemand anders abgeben würden.

Aber Barbaras Eltern dachten gar nicht daran, sich an die Nachbarn zu wenden. Auch bekam Barbara keine endgültige Entscheidung mitgeteilt. Doch eines Morgens ging sie hinüber zu den Nachbarn, und das Hündchen war fort. So hatte sie noch nicht einmal die Gelegenheit gehabt, ihm Lebewohl zu sagen. Man hatte sie einfach vor vollendete Tatsachen gestellt und damit jeden Respekt vermissen lassen. Man wollte sie nicht verletzen, und so hatte man ihr nichts von der Entscheidung, die gegen den Welpen gefallen war, mitgeteilt. Die Eltern glaubten, sie so vor Enttäuschung zu bewahren, doch was dabei herauskam, war eine umso tiefere Verletzung.

Jahre später kam es zu einer ähnlichen Verärgerung wie damals, als sich nämlich eine enge Freundin der Familie scheiden ließ und von heute auf morgen fortzog. Barbara wohnte in einer anderen Stadt und hätte allzugern diese liebe Frau noch einmal gesehen, bevor sie fortging. Doch Barbaras Eltern waren derart über die komplizierte Scheidung und den erzwungenen Fortzug bestürzt, daß sie es erst Wochen später fertigbrachten, Barbara davon zu erzählen. Wieder einmal hatte sie keine Gelegenheit gehabt, an einem wichtigen Ereignis teilzuhaben und an einem Verlust mitzutrauern.

Viele Verletzungen können unter der Oberfläche weiterbestehen. Oft genug sind wir uns ihrer gar nicht bewußt. Und doch färben sie unser Verhal-

ten, wenn Ereignisse zufällig die gleiche Gefühls-
ebene ansprechen. Solch verborgener Groll kann
sogar Beziehungen beeinflussen, die mit unseren
Eltern gar nichts zu tun haben. Betroffen ist vor
allem das Verhältnis zum Ehepartner, aber auch
zu Freunden und Vorgesetzten. Am Arbeitsplatz
hatte Barbara es schwer, wenn es darum ging,
Entscheidungen zu akzeptieren, an denen sie
nicht beteiligt war. Immer wenn ihr Chef irgend
etwas entschied, was auch sie selbst betraf, ohne
sie vorher zu fragen, fühlte sie sich abgelehnt und
niedergeschlagen. Sie reagierte dann gefühlsbe-
tonter, als es die Situation erlaubte. Viele dieser
Gefühlsregungen stammten wahrscheinlich von
nicht verarbeitetem Groll und von Verletzungen
aus der Kindheit.

Wir können auch Verletzungen mit uns herumtragen, weil unsere Eltern ihre ganz eigene Art
hatten, auf unsere Bedürfnisse einzugehen. Menschen drücken ihre Liebe ja auf sehr unterschiedliche Weise aus. Manche tun es durch Berührun-
gen und durch liebevolle Worte. Andere fassen

ihre Gefühle kaum einmal in Worte, drücken dafür aber ihre Liebe dadurch aus, daß sie für andere etwas tun oder mit ihnen Zeit verbringen. Wieder andere schenken gern, um ihre Liebe zu zeigen. Solche Menschen nehmen vielleicht sogar eine zweite Arbeit an, damit sie es sich überhaupt leisten können, ihre Angehörigen mit materiellen Geschenken zu überschütten.

Es ist nicht die Art meines Vaters, mir ständig zu sagen, wie lieb er mich hat. Seinen Familienangehörigen macht er selten Komplimente. Es macht ihm aber Spaß, Dinge für uns zu tun. Zu den schönsten Augenblicken meiner Jugendzeit gehörte es, wenn wir im Sommer morgens auf einem See Wasserski liefen, an dem meine Großmutter wohnte. Vater stand dann immer sehr früh auf, um alles zu richten, bevor der Wind kam und die glatte Wasseroberfläche aufpeitschte. Er brachte ins Boot, was an Gerätschaften nötig war; er schaute nach, ob alles auch richtig funktionierte; und dann weckte er den Rest der Familie. Oft genug kam außer Vater jeder von uns zu seiner Runde Skilauf. Doch ihm ging es in erster Linie darum, uns anderen Freude zu bereiten. Er beschwerte sich auch niemals darüber, daß keiner da war, um ihm zu helfen. Uns gefällig zu sein ist Vaters ganz eigene Art, durch die er vermittelt: „Ich habe euch lieb." Auch wenn wir alle darauf hinarbeiten sollten, Wege ausfindig zu machen, wie wir uns gegenseitig ohne Umschweife Liebe zeigen können, so müssen wir doch die ganz eigene Sprache verstehen lernen, mit der unsere Eltern ihre Liebe zum Ausdruck bringen. Wenn wir das nicht fertigbringen, werden wir Mühe haben, an ihre Liebe zu glauben. Vielleicht senden sie uns ja die entsprechende Botschaft mit großer Regelmäßigkeit, doch wir verstehen sie einfach nicht.

Frank hatte nie das Gefühl gehabt, von seinen Eltern wirklich geliebt und umhegt worden zu sein. Seine Mutter war den Kindern gegenüber lieblos und kühl. Als Erwachsener empfand Frank Besuche bei seinen Eltern als Alptraum. Es dauerte jedesmal Wochen, bis sich sein Selbstwertgefühl hinterher wieder erholt hatte. Doch nach einigen Therapiesitzungen, bei denen man seinen Gefühlen den Eltern gegenüber auf den Grund gegangen war, kam es zu einem dramatischen Durchbruch.

Frank saß mit Freunden zusammen und schaute sich ein Fußballspiel an. Er war gerade von einem jener schrecklichen Besuche daheim zurückgekommen. Als das Spiel ziemlich langweilig wurde, nickte er auf dem Sofa ein. Und dann träumte er von seiner Mutter. Immer und immer wieder fragte er sie: „Hast du mich lieb?" Als Antwort kam zurück: „Natürlich liebe ich dich, ich habe dir doch zu essen gegeben."

Wie Schuppen fiel es Frank von den Augen. Plötzlich erinnerte er sich an all die vielen herrlichen Gerichte, die seine Mutter immer bereitet hatte. Ihm wurde auf einmal bewußt, daß es Mutters Art war, Liebe auszudrücken, wenn sie ein besonderes Essen richtete. Sie konnte es nicht über sich bringen und ihre Gefühle einfach aussprechen. Ganz selten hielt sie ihre Kinder auf dem Arm oder drückte sie. Es kam auch nicht oft vor, daß sie sagte, wie stolz sie auf ihre Kinder sei. Doch sie kochte für sie.

An diesem Tag fing Frank an zu glauben, daß seine Mutter ihn tatsächlich liebte. Zuerst mußte er also lernen, die Sprache der Liebe seiner Mutter zu verstehen.

Wer hat das Sagen?

Auch die Frage, wer über das eigene Leben bestimmt, kann zu Unmut und Verbitterung führen. Wenn wir geboren werden, haben die Eltern uneingeschränkt das Sagen. Wachsen wir dann heran, wird das Bestimmungsrecht allmählich, und in vielen Fällen vollständig, abgetreten. Einige Eltern haben jedoch Probleme damit, das Leben ihrer Kinder aus der Hand zu geben, und sie kämpfen um jedes Stückchen Autorität. Sie möchten, daß wir ihre Werte teilen, denn solche Gemeinsamkeiten bedeuten ja Nähe. Auf der anderen Seite wollen w i r aber, daß unsere Eltern wissen, wie sehr wir unser Leben selbst in der Hand haben. Und so fühlen wir uns vielleicht unwohl bei den Meinungsäußerungen unserer Eltern, weil wir uns letztlich doch nicht ganz sicher sind, ob wir unser eigenes Leben meistern werden.

Weil das Tätigwerden für andere meinen Eltern

dazu dient, ihre Liebe auszudrücken, möchten sie immer gleich im Haus helfen, wenn sie uns besuchen. Vater macht es einen Riesenspaß, Sachen zu reparieren, die schon wochen- oder gar jahrelang entzwei waren. Und Mutters Vorliebe ist es, die dunkelsten Schrankecken und Winkel zu putzen, die ich selbst möglichst übersehe.

Ich bekam handfeste Schwierigkeiten mit diesen Hilfsangeboten. Jedesmal hatte ich das Gefühl, unser Haus werde regelrecht eingenommen. Ich meinte, die Hilfe meiner Eltern sei eine versteckte Kritik an meinem Mann und mir („Weil du diese dringende Sache noch nicht gemacht hast, werde ich es für dich tun, während wir hier sind"). Ich freute mich natürlich darüber, daß so manches erledigt wurde, und doch hatte ich das Gefühl, sie versuchten, mich wieder von sich abhängig zu machen.

Seit einiger Zeit bin ich nun doch imstande, sie einfach gewähren zu lassen. Ihre Hilfe war von unschätzbarem Wert, als unsere Töchter geboren wurden und als wir umgezogen sind. Ich kann inzwischen entspannen und Hilfe annehmen, anstatt darauf zu pochen, unbedingt der Hilfeleistende sein zu müssen. Je eingespannter ich mit meiner Familie bin, desto mehr kann ich genießen, was sie alles für uns tun. Und je selbstsicherer ich als Mensch werde, desto eher bin ich auch in der Lage, unsere Unterschiede einfach hinzunehmen. Da ist z.B. unsere unterschiedliche Auffassung über den Vorrang von Reinigungsarbeiten. Ich glaube einfach nicht mehr, daß ich entweder ihrem Reinlichkeitsstandard entsprechen muß oder gleich ein Versager bin. Einige Eltern versuchen hartnäckig, das Leben ihrer erwachsenen Kinder zu beherrschen. Sam hatte solche Probleme mit seinen Eltern. Immer wenn sie in die Stadt kamen und ihn besuchten, wusch seine Mutter die Wäsche und bestand darauf, ihm beim Kochen zu helfen. Sie blieb ihm einfach die Antwort schuldig, wenn Sam wissen wollte, was sie zu essen und zu tun wünschten. Er bekam also gar nicht die Gelegenheit, etwas zu geben, um damit seine Liebe auszudrücken.

Als dann wieder einmal ein Besuch bevorstand, entschloß sich Sam, es nicht zum üblichen Ablauf kommen zu lassen. Er setzte sich hin und machte einen Essensplan für das Wochenende; er schrieb auf, was man eventuell unternehmen könnte, und er erledigte die Wäsche, bevor seine Eltern ankamen. Er ergriff die Initiative und kümmerte sich ganz allein um die Mahlzeiten und um alles, was man sonst unternahm. Diesmal versuchte er nicht, seinen Eltern einen Gefallen zu tun, indem er sie fragte, was sie unternehmen wollten, denn das allein beschwor schon Probleme herauf: es gab niemals eine klare Antwort.

Die Spannungen waren dann bei diesem Besuch auch beträchtlich geringer. Und seinen Eltern schien die Veränderung überhaupt nichts auszumachen. Vielleicht freute es sie sogar, ihn in seinem eigenen Haus so verantwortungsbewußt handeln zu sehen!

Unsere Lebensgeschichte —
wir schreiben sie um

Schließlich kann Unmut über unsere Eltern dadurch entstehen, daß wir etwas willkürlich in Ereignisse hinein projizieren. In einem seiner Bücher beschreibt Howard Halpern einen Mann, der fest davon überzeugt war, daß er von seinem Vater nicht geliebt wurde. Zu diesem Schluß kam er allein aufgrund von Aussagen seiner Mutter.

Ein Vorfall war hierfür typisch: Sein Vater badete ihn, als Mutter hereinkam und schimpfte, das Kind werde eine Lungenentzündung bekommen, weil das Badezimmerfenster offenstand. „So hat sich also mein Vater um mich gesorgt!" sagte dieser Mann zum Therapeuten. „Er hat Sie also gebadet?" erkundigte sich der Therapeut. „Ja, genau, und er ließ dabei auch noch das Fenster offen." „Er hat Sie gebadet!" wiederholte der Seelsorger. „Richtig, und dabei hätte er mich fast umgebracht", antwortete der junge Mann.

„Er hat Sie GEBADET!" wiederholte der Therapeut. Schließlich begriff der Mann: seine ganze Aufmerksamkeit hatte er immer nur den Aussagen der Mutter geschenkt, wie sie über den Vater dachte, und dabei war ihm völlig entgangen, daß dieser ihn immerhin genug liebte und umsorgte, um ihn zu baden. Auf einmal erinnerte er sich an viele Dinge, die sein Vater für ihn getan hatte. Doch er hatte sich längst die Auffassung seiner Mutter zu eigen gemacht, nämlich, daß sein Vater ein liebloser Tunichtgut war.

Es trifft jeder von uns seine Entscheidung darüber, wie er die eigene Vergangenheit sieht. Wir können unser Hauptaugenmerk auf alles Negative richten — den Mangel an Wärme und Zuneigung, den wir bei den Eltern empfanden — oder aber wir schauen auf das Positive — auf das, was sie gesagt oder getan haben, um uns ihre wahren Absichten und Vorsätze kundzutun. Nur sehr wenige Eltern wünschen ihren Kindern Schlechtes und lehnen sie wirklich ab. Selbst Eltern, die ihre Kinder mißhandelt oder die Familie im Stich gelassen haben, waren irgendwo bemüht, ihr Bestes zu tun. Es liegt also an uns, den Kindern, ihre Bemühungen mit Umsicht richtig einzuschätzen.

Dieser familiengeschichtliche Aspekt spielt vor allen Dingen für jene eine wichtige Rolle, die aus einem geschiedenen Elternhaus kommen. Ohne es zu wollen, werden solche Kinder schließlich doch vieles aus der Sicht nur eines Elternteils betrachten. Es ist nur allzu natürlich, daß sie sich bei einer Scheidung jenem Elternteil gegenüber solidarisch verhalten, der auch das Sorgerecht zugesprochen bekommen hat. Wenn dann Vater oder Mutter ihren Groll dem geschiedenen Ehepartner gegenüber nicht ablegen können, werden sich die entsprechenden Gefühle auf die Kinder übertragen. Kathy erlebte dies so.

Kathys Eltern ließen sich scheiden, als sie zwölf Jahre alt war. Ihr Bruder war jünger, und so war es Kathy, an die sich ihre Mutter hielt, um seelische Unterstützung zu bekommen. Die Kinder lebten bei der Mutter, und ihren Vater sahen sie lediglich an einem Wochenende im Monat. Von Anfang an schien sich Kathy auf Mutters Seite zu stellen. Ihre Mutter übte beträchtlichen Druck auf sie aus; sie sollte den Vater ablehnen. Die Mutter empfand es sogar als persönliche Kränkung, wenn es Kathy Spaß machte, mit ihrem Vater zusammen zu sein. Hinzu kam noch, daß die Mutter dem Vater gegenüber unehrlich war. So sah sich Kathy schließlich genötigt, an einem Lügengewebe mitzuwirken. Wenn Vater anfing, Kathy nach Mutter auszufragen, dann war sie in einer höchst peinlichen Lage. Sie wußte ja, daß sie dem Vater so manches vorenthalten mußte, und so war ihr fast jede Ausrede recht, damit es am Wochenende zu keiner Begegnung mit ihm kam. Wenn sie sich gar nicht erst sahen, dann würde sich Kathy auch nicht mitten in einem nachträglichen Scheidungsdisput wiederfinden. Als der Vater erneut heiratete, fühlte sich Kathy bedroht, und sie bemerkte, wie verletzt ihre

Mutter war. Nun sah sie ihren Vater nicht mehr einmal im Monat, sondern nur noch zu Weihnachten und am Vatertag. Als er und seine neue Frau eine Tochter bekamen, empfand Kathy das neue Wesen in Vaters Leben als erneute Bedrohung, und ihre Besuche hörten nun ganz auf. Als Kathy dann ihren Universitätsabschluß machte, hatte sie sich fast gänzlich von ihrem Vater entfremdet. Die Folgeerscheinung der elterlichen Feindseligkeiten war, daß sie nicht nur zum Vater jeden Kontakt verloren hatte, sondern auch zu den Großeltern, zu Onkel und Tante und zu Cousins und Cousinen. Mit diesem Teil ihrer Familie hatte sie nichts mehr zu tun.

Als Erwachsene hat Kathy nun noch einmal die Wahl. Sie kann sich dafür entscheiden, den Status quo aufrechtzuerhalten oder aber eine Veränderung herbeizuführen. Sie kann weiterhin die Welt mit den Augen ihrer Mutter sehen, doch genauso kann sie auch versuchen, sich ein klares Bild von ihrer ganzen Familie mit ihren Schwierigkeiten zu machen. Wenn sie will, kann sie sich das Ziel setzen, die Familie ihres Vaters wieder näher kennenzulernen und die Gefühle, die man ihr entgegenbringt, zu ergründen. Doch das bedeutet für sie ein hohes Risiko und viel Mühe. In einigen Fällen sind Kinder geschiedener Eltern so vollständig von dem nicht sorgeberechtigten Teil entfremdet worden, daß sie nur noch nach einer Therapie imstande sind zu akzeptieren: jede Scheidung ist von zwei Seiten zu sehen, und möglicherweise waren zwei ganz liebevolle Partner daran beteiligt.

Viele von uns, besonders aber jene mit problembeladener Vergangenheit, stehen vor der großen Aufgabe, ihr Bild von den Eltern zurechtzurücken und das Verhältnis zu ihnen in einem neuen Licht zu sehen. Das ist ein schweres Stück Arbeit. Aber warum sollten wir es nicht wenigstens versuchen?

Schritte in die richtige Richtung

Zu den ersten Aufgaben eines jungen Erwachsenen gehört es, alle Gefühle des Grolls, die er seinen Eltern gegenüber hegt, aufzuarbeiten. Wir müssen unsere negativen Gefühle durchgehen und uns klarmachen, welche davon tatsächlich dem entsprechen, was unsere Eltern gesagt oder getan haben, und welche nur Einbildung sind. Sodann müssen wir unseren Eltern alles Verletzende und jede Nichtachtung vergeben, aber nicht nur ihnen, sondern auch uns selbst, weil wir schließlich zu den Problemen beigetragen haben.

Den meisten Menschen, besonders natürlich den Christen, leuchtet es wahrscheinlich ein, warum wir vergeben sollten. Trotzdem mögen ein paar Gedächtnisstützen an dieser Stelle angebracht sein. Der Bibel zufolge vergeben wir anderen und uns selbst, weil unser himmlischer Vater uns zuerst vergeben hat. Die Gnade, die Gott uns schenkt, muß an andere weitergegeben werden, besonders aber jenen, die uns am nächsten stehen. Kolosser 3,13: „Streitet nicht miteinander, und seid bereit, einander zu vergeben, selbst wenn ihr glaubt, im Recht zu sein. Denn auch Christus hat euch vergeben." (nach Hoffnung für Alle) Und genauso wie die Eltern unsere Vergebung brauchen, brauchen auch wir ihre, weil wir redliche Bemühungen falsch gedeutet und ihre tätige Liebe mißverstanden haben. Die Bibel gebietet uns, unsere Eltern zu ehren. 2. Mose 20,12: „Du sollst deinen Vater und deine Mutter ehren, auf daß du lange lebest in dem Lande, das dir der Herr, dein Gott, geben wird." (Luther-Bibel) Doch das bringen wir nicht fertig, wenn wir Groll gegen sie mit uns herumtragen.

Wir vergegenwärtigen uns diese geistliche Wahrheit zuweilen gar nicht mehr richtig. Die Verse sind uns allzu geläufig. Und man kommt relativ mühelos zu der Überzeugung, man habe den Eltern im geistlichen Sinne vergeben. Doch auf der praktischen und gefühlsmäßigen Ebene muß dies noch lange nicht geschehen sein.

Unseren Eltern zu vergeben ist sowohl eine ganz praktische als auch eine geistliche Notwendigkeit. Unbereinigter Ärger kann zu einer Vielzahl von körperlichen und seelischen Problemen führen. Solche nicht aufgearbeiteten Ärgernisse werden jedesmal hervorbrechen, wenn wir unsere Eltern sehen. Das kann sich durch Kopfschmerzen oder Verdauungsbeschwerden äußern, vielleicht aber auch durch offene Zornesausbrüche den Eltern oder uns nahestehenden Menschen gegenüber, also Freunden, Ehepartnern oder den eigenen Kindern. Aber auch in den Beziehungen zu Autoritätspersonen kann Unbewältigtes zum Vorschein kommen.

Es gehört zum Erwachsenwerden, unseren Eltern zu vergeben und ein besseres Verhältnis zu ihnen anzustreben. In gewissem Sinne bleiben wir nämlich Kinder, solange wir es nicht gelernt haben, sie aus der Warte eines Erwachsenen zu sehen und mit ihnen ebenbürtig umzugehen.

Das Erwachsenwerden ist weitgehend ein Lernprozeß auf die Fähigkeit hin, für das eigene Leben Verantwortung zu übernehmen. In unserem Fall bedeutet dies, zuzugeben, daß auch wir Schuld an den Problemen mit unseren Eltern haben. Vergebung und das Annehmen von Verantwortlichkeit werden unsere Sicht verändern. Lewis Smedes weist in seinem Buch: „Die heilende Kraft des Vergebens" (Verlag der Francke-Buchhandlung GmbH, Marburg) darauf hin, daß Vergebung ein tieferes Verständnis für den Menschen mit sich bringt, dem wir vergeben. Hierbei spielt sowohl die Zeit als auch Gottes Gnade eine Rolle. Ich möchte dies an einem Beispiel verdeutlichen, das ich der Arbeitswelt entnehme. Eine Freundin von mir erlebte auf dramatische Weise diesen Wandel der Sichtweise, der mit der Vergebung einhergeht. Es ging um ihren schwierigen Chef.

Die Probleme stellten sich ein, kurz nachdem Terry Chef der Buchhaltung geworden war, in der auch Melissa arbeitete. Er war grundsätzlich mit Melissas Arbeit zufrieden, doch an ihrer Arbeitsweise hatte er ständig etwas auszusetzen. Seine Kritik war herabwürdigend und sehr persönlich. Das Verhältnis der beiden war dadurch regelmäßig gespannt. Sie wußte nicht recht, was er überhaupt von ihr wollte, und er war offensichtlich nicht imstande, deutlich zu machen, was ihn störte. Ihr Verhältnis verschlechterte sich zunehmend, bis er sie sogar bei einer Beförderung überging. Nun begann sie sich ernsthaft zu fragen, ob sie für ihn überhaupt noch arbeiten wollte.

Während ihres Urlaubs nahm sich Melissa die Zeit, über diese Angelegenheit nachzudenken und sich zu überlegen, ob sie bei der Firma bleiben wollte. Sie wußte: wenn sie zurückkehren würde, müßte sie versuchen, ihren Chef besser zu verstehen. Ganz sicher müßte sie sich aber mit ihrer Wut auf ihn auseinandersetzen.

An einem Sonntag morgen saß Melissa in der Kirche und fragte sich, was sie tun sollte. Es war Abendmahlsgottesdienst, und sie nahm Paulus'

Anordnung, sich vor der Teilnahme am Mahl zu prüfen, sehr ernst (1. Korinther 11.23-32). Sie wußte, daß sie solange nicht teilnehmen sollte, wie ihr Herz mit Zorn und Groll ihrem Chef gegenüber erfüllt war. Sie hatte zwar um die Gnade gebeten, vergeben zu können, aber bis zu diesem Augenblick war nichts geschehen.

Als Brot und Wein durch die Reihen gegeben wurden, betete Melissa noch einmal um die Fähigkeit zu vergeben. Und Gott erhörte sie. Ganz plötzlich hatte sie eine neue Sicht von jenem Menschen, der ihr das Leben so sauer gemacht hatte. Monatelang hatte sie in ihm jemand gesehen, der es, aus welchem Grund auch immer, auf sie abgesehen hatte. Doch in diesem Augenblick, dort in der Kirche, gab Gott ihr eine neue Sichtweise. Für sie war er nun nicht mehr bösartig, sondern viel eher irregeleitet. Am Ende hatte er es gar nicht auf sie abgesehen! Vielleicht fühlte er sich ja nur einem begrenzten Kreis von Charakteren gewachsen, und vielleicht konnte er nur beschränkt mit bestimmten Situationen fertig werden. Möglicherweise gab er ja wirklich nur sein Bestes.

In den meisten Fällen wird die Vergebung nicht so spontan einsetzen. Wenn wir es mit den hartnäckig wiederkehrenden Verletzungen einer langjährigen Eltern-Kind-Beziehung zu tun haben, dann ist es nicht sehr wahrscheinlich, daß Gottes Gnade uns so dramatisch im Handumdrehen verwandeln kann. Doch unsere Geschichte führt uns das Ergebnis der Vergebung vor Augen: ein tieferes Verständnis für jene Menschen, denen wir zu vergeben haben.

Wenn wir solche neuen Einsichten über unsere Eltern gewinnen, dann sind sie für uns bald nicht mehr nur Autoritätspersonen, sondern ganzheitliche Menschen. Eine amerikanische Autorin schreibt von unserem Ziel als erwachsene Kinder: „Nun, da wir erwachsen geworden sind, können wir in unseren Eltern ... ganz normale Menschen sehen, die ihre eigenen, kaum von den Problemen anderer Menschen zu unterscheidenden Schwierigkeiten haben. Auch wenn sie zweifellos bei unserer Erziehung Fehler gemacht haben, so haben sie doch das nach ihrem Verständnis und Vermögen Beste für uns getan."

Sehen wir unsere Eltern erst einmal auf diese Weise, so können wir eine offene Beziehung zu ihnen aufbauen, eine Beziehung, die auf gegenseitigem Verstehen beruht. Schließlich sollten wir unseren Eltern vergeben, weil uns sonst so mancher schöne Augenblick entgehen würde. Wir würden die besondere Nähe nicht erfahren, die Eltern und Kinder bei ihren gemeinsamen Erlebnissen verbindet. Wenn man heranwächst und unabhängiger wird, eine Arbeit annimmt, vielleicht heiratet und Kinder bekommt, dann durchlebt man Situationen neu, die die Eltern bereits vor einem kennengelernt haben. Dies ist dann die Zeit, in der man als Freunde zusammenzuarbeiten beginnt und gemeinsame Probleme durchsprechen kann.

Manchmal können mich die Rätschläge meiner Mutter zur Kindererziehung ganz nervös machen, doch ein andermal empfinde ich sie dann wieder als sehr hilfreich. Als ich meine Tochter nach der Geburt vom Krankenhaus heimbrachte, waren meine Eltern da, um uns zur Hand zu gehen. Mutter beobachtete, daß ich den Säugling zum Schlafen auf den Rücken legte. Sie meinte damals, das Kind solle lieber auf dem Bauch schlafen.

Ich hörte nicht auf sie, weil man im Krankenhaus die Babys auf dem Rücken liegen ließ. Als ich aber mit dem Kinderarzt irgend etwas anderes besprechen mußte, erwähnte ich auch meine Art, das Kind hinzulegen. Mutter hatte recht gehabt! Wenn das Kleine zum Schlafen auf dem Bauch liegt, besteht kaum die Gefahr, daß es spuckt und daran erstickt.

Das war natürlich nur ein Ereignis am Rande. Doch wenn wir älter werden, gibt es viel Weisheit, die wir von unseren Eltern erlangen können, wenn wir eine Beziehung aufbauen, in der das Geben und Nehmen von guten Ratschlägen gang und gäbe ist. Wir wollen zwar nicht von oben herab belehrt werden, aber es gibt keinen

Grund, warum wir nicht einen guten Rat annehmen sollten, wenn er angeboten wird. Genauso wenig sollten sich unsere Eltern weigern, auch einmal einen Rat von uns anzunehmen.

Wie kein anderer werden gerade unsere Kinder aus der verbesserten Beziehung zu unseren Eltern Nutzen ziehen. Es tut den Kinder gut, wenn Großeltern da sind. Sie können den Kindern jene bedingungslose Liebe geben, die wir alle so nötig haben. Die Großeltern legen nicht soviel Wert darauf, den Junior zur Folgsamkeit anzuhalten und bei unserer Kleinen darauf zu dringen, daß sie ihre Klavierübungen erledigt. Großeltern macht es vor allem nur Spaß, ihren Enkeln Gutes zu tun.

Ich erinnere mich noch mit sehr viel Liebe an meine Urgroßmutter. Als ich noch klein war, wohnte sie in gewissen Abständen für kurze Zeit bei uns. Sie war eine abgehärtete deutsche Landfrau, die mit eisernem Willen ihre Unabhängigkeit bewahrte. Wenn sie bei uns wohnen mußte (weil die Wasserrohre in ihrem unbeheizten

Haus schließlich doch eingefroren waren), machte sie ausgedehnte Spaziergänge in der Umgebung, nur um aus dem Haus zu kommen. Doch fast ausnahmslos kam sie mit irgendwelchen aufregenden Kleinigkeiten für die Enkelkinder wieder zurück.

Zuweilen tauchte sie mit einem Schokoladenkuchen auf. Einmal hatte sie für jeden von uns einen Trinkbecher. Ich weiß nicht, was meine Mutter über solche Einkäufe dachte, mir bereiteten sie jedenfalls große Freude (und mein Vater, der ein Leckermaul war, hatte gegen die süßen Sachen sicher auch nichts einzuwenden).

Sind unsere Eltern erst einmal gestorben, so werden die Kinder niemals mehr die Gelegenheit haben, diese ganz besondere Beziehung zu den Großeltern zu erleben. Sorgen Sie also dafür, daß Ihre eigenen Gefühle niemals dieser einzigartigen Erfahrung Ihrer Kinder im Wege stehen. Lassen Sie es nicht zu, daß durch Ihre ungelösten Konflikte die Kinder gegen ihre Großeltern voreingenommen sein können. Es zahlt sich aus, jetzt all das, was Groll in Ihnen ausgelöst hat, aufzuarbeiten, damit die Zukunft dafür frei ist, einen Schatz an schönen Erinnerungen anzusammeln, statt daß alles nur ein böser Traum wird.

Wir machen Fortschritte

Wenn Sie die Notwendigkeit erkannt haben, zu Ihren Eltern ein offeneres und reiferes Verhältnis anzustreben, dann stellt sich die Frage: wie damit anfangen? Zunächst einmal, gewinnen Sie Abstand! Selbst wenn Sie bei Ihren Eltern wohnen oder die Eltern bei Ihnen, Sie brauchen eine innere Distanziertheit. Sie müssen in der Lage sein, einen Schritt zurück zu tun, um Ihr Verhältnis objektiver beurteilen zu können. Um diesen Abstand zu gewinnen, müssen Sie selbst zunächst investieren, damit Sie Ihre Verbitterung überwinden. Durch ein Buch erhielt ich Anregungen für eine Reihe von Übungen, um mit den Wunden aus der Kindheit zurechtzukommen.

Der Autor empfiehlt z. B., all das aufzulisten, was man seinen Eltern nachträgt, alles, was sie Verletzendes gesagt und getan haben. Stellen Sie sich nun vor, Sie hätten eine persönliche Aussprache mit dem betreffenden Elternteil oder mit beiden Eltern (aber bitte niemals eine wirkliche Aussprache zu diesem Thema suchen). Sie sprechen all Ihre Bitterkeiten an. Sagen Sie alles ganz offen und ausführlich. Gehen Sie wirklich die ganze Liste der Verbitterungen durch, und stellen Sie sich vor, Ihre Eltern hören aufmerksam zu. Es kann eine ganze Zeit dauern, bis Sie all die aufgestauten Gefühle hervorgebracht haben, die den Umgang mit den Eltern so in Mitleidenschaft gezogen haben.

Abstand zwischen sich und der Familie zu gewinnen erfordert auch die Erkenntnis, daß die anderen nur Menschen sind und trotzdem vieles auch richtig gemacht haben.

Ich erinnere mich noch genau an eine Unterhaltung zwischen mir und meiner Freundin, als wir beide uns reisefertig machten, weil wir unsere Familien besuchen wollten. Wir bemitleideten uns gegenseitig wegen der Schwächen und Eskapaden unserer Eltern. Doch plötzlich dämmerte es in mir, und ich mußte lachen.

„Weißt du", sagte ich, „wenn unsere Eltern wirklich so schlecht wären, dann müßten wir eigentlich durch ihre Erziehung seelische Wracks sein." Doch wir beide mußten der Tatsache ins Auge sehen, daß, gemessen an den Ergebnissen, es unsere Eltern eigentlich ganz ordentlich gemacht haben müssen. Waren wir nicht wohlerzogene, seelisch ausgeglichene Frauen mit einem guten Arbeitsplatz? Wären unsere Eltern tatsächlich so hoffnungslos inkompetent gewesen, wir hätten mit großer Wahrscheinlichkeit viel mehr persönliche Probleme gehabt.

Abstand von Mutter und Vater zu gewinnen heißt schließlich aber auch, das Verlangen nach ihrer Rückendeckung aufzugeben. Vom Augenblick der Geburt an entwickeln wir unsere Neigungen und Werte. Wenn wir schließlich erwachsen geworden sind, haben wir schon viele Entscheidungen getroffen, von denen so manche keineswegs die Zustimmung unserer Eltern bekommen hat. Aber da kann man gar nichts dagegen tun. Zwei denkende

Menschen werden niemals in allem übereinstimmen. Das ist vollkommen normal. Das Problem ist, daß unsere Eltern eventuell mit Nachdruck versuchen, ihre Vorstellungen durchzusetzen; und wir fühlen uns dann schuldig, weil wir uns nicht entsprechend verhalten.

Zum Erwachsenwerden gehört es, sich mit der Tatsache auseinanderzusetzen, daß wir niemals imstande sein werden, jedermann vollkommen zufriedenzustellen, weder uns selbst, noch Freunde, Ehepartner und Eltern. Zwischen Ihnen und Ihren Eltern wird es immer Unterschiede geben, und einige davon können zum Konflikt führen. Damit muß man sich abfinden. Lernen Sie es, sich selbst so zu bejahen, wie Sie es brauchen. Lernen Sie es, auch einmal ein Schulterklopfen von Freunden, Mitarbeitern und vielleicht von Familienangehörigen gelten zu lassen. Doch eins müssen Sie möglichst aufgeben: erwarten Sie nicht länger den überschwenglichen Beifall Ihrer Eltern. Nehmen Sie aber deren

Wohlwollen und Unterstützung wahr, wenn sie Ihnen gegeben wird.

Hören Sie aber auch umgekehrt auf, von Ihren Eltern zu erwarten, daß sie sich immer nur nach Ihren Vorstellungen richten. Wenn Sie den Eindruck haben, Ihr Vater benehme sich wie ein schlechter Kinoheld, dann ist dies sein Problem. Und wenn Ihre Mutter Ihnen nicht die Bestätigung zukommen läßt, die Sie brauchen, dann ist dies ihr gutes Recht. So, wie Sie ein eigenständiger Mensch werden müssen, so müssen Sie auch Ihren Eltern zugestehen, daß sie bleiben dürfen, wie sie nun einmal sind. Hören Sie auf, Papa verändern zu wollen oder sich zu wünschen, die Mutter wäre wie Tante Agathe. Sie wird es niemals sein. Und mit ziemlicher Sicherheit wären Sie mit Tante Agathe als Mutter auch nicht immer zufrieden!

Wir übernehmen Verantwortung

Wenn Sie Frieden mit Ihren Eltern schließen wollen, müssen Sie aber noch einen zweiten Schritt tun: Sie müssen die Verantwortung für Ihr eigenes Leben übernehmen. Als Sam beim Besuch seiner Eltern den Ablauf in die Hand nahm, gewann er an Selbstachtung und wahrscheinlich auch die Anerkennung seiner Eltern. Erins Mutter wurde immer leicht nervös bei Tisch. Wenn Erin ihre Kinder nahm und die Großmutter besuchte, arteten die Mahlzeiten für gewöhnlich in wahre Wortgefechte aus. Für Erin waren diese Besuche bei der Mutter zwar immer eine willkommene Unterbrechung ihrer Hausarbeit und ihrer Kochverpflichtungen. Doch dann stellte sie fest, daß alles viel friedlicher ablief, wenn sie an Stelle ihrer Mutter kochte. Jetzt scheucht Erin Großmutter mit den Kindern hinaus in den Park, damit sie dort spielen, während sie selbst das Essen richtet. Ihr und ihrer Mutter macht das viel mehr Spaß.

Bob ärgerte sich über die Anrufe seiner Mutter. Fast täglich rief sie an und fragte, ob er gegessen und letzte Nacht gut geschlafen hätte. Wie oft kamen ihre Anrufe, wenn er gerade mit etwas Wichtigem beschäftigt war. Bob erkannte zwar, daß sie es fürsorglich meinte, doch es machte ihn trotzdem ganz wütend. Schließlich ergriff er die Initiative. „Mutti, ich habe dich lieb, aber ich muß mit dir etwas besprechen", sagte er. „Ich muß frei sein von deinen täglichen Anrufen. Statt daß du mich jeden Tag anrufst, möchte ich dich lieber anrufen. Ich melde mich zweimal in der Woche und erzähle dir, wie es mir geht. Ich würde es wirklich sehr begrüßen, wenn du nicht mehr anrufen würdest."

Zunächst wurde Bobs Mutter ziemlich ärgerlich über diesen Vorschlag. Doch Bob gab nicht nach, und am Ende glätteten sich die Wogen in ihrer Beziehung. Ihre Unterhaltung war nun nicht mehr so oberflächlich, und es fanden nicht mehr Gespräche zwischen Mutter und Kind statt, sondern zwischen zwei Erwachsenen.

Wenn es Ihnen gelingt, einerseits Ihre Liebe zum Ausdruck zu bringen und gleichzeitig auszusprechen, was Ihnen auf dem Herzen liegt („Ich habe dich lieb, aber ich muß frei sein von deinen Anrufen"), dann werden auch Sie Ihren Umgang mit den Eltern allmählich in den Griff bekommen.

Wir lesen in der Familienchronik

Erinnern Sie sich noch an Susan vom Anfang dieses Büchleins? Sie hatte den Eindruck — ob zurecht oder nicht —, daß ihre Mutter sie beeinflussen wollte, indem sie von ihrer schlimmen Kindheit erzählte. Ohne sich dadurch manipulieren zu lassen, mußte Susan allerdings doch versuchen, etwas aus der Vergangenheit ihrer Mutter in Erfahrung zu bringen, um sagen zu können, warum sie sich so und nicht anders verhielt. Die Eltern ihrer Mutter führten eine sehr schlechte Ehe. Als Vater drohte, Mutter zu verlassen, empfanden die Kinder das als persönliche Ablehnung. Mutter war eine eher verkrampfte Frau, die sich sehr beherrschen konnte. Dabei war sie aber nicht in der Lage, ihren Kindern gegenüber Liebe und Annahme zum Ausdruck zu bringen. Susans Mutter wuchs mit viel Kritik und Ablehnung auf. Oft fühlte sie sich minderwertig, und hin und wieder schlug sie später in der eigenen Familie mit dem gleichen unnachgiebigen Kritikgeist zurück, den die Mutter an den Tag gelegt hatte.

Je besser Susan die tiefsitzenden Nöte ihrer Mutter versteht, desto angemessener wird sie sich ihr gegenüber wie ein Erwachsener verhalten können. Da dies aber der Umgang mit einem sehr nahestehenden Menschen ist, mag die Aufgabe nicht leicht sein. Wenn man einem schwierigen Menschen bei der Arbeit, in der Schule oder in der Gemeinde begegnet (zumindest, wenn man mit dem Betreffenden viel zu tun hat), dann wird man wahrscheinlich herauszufinden versuchen, warum sich dieser Mensch so verhält. Je besser man ihn versteht, desto eher wird man imstande sein, seine rauhen Kanten und Ecken zu akzeptieren und die Probleme im Umgang mit ihm zu meistern.

Die Eltern zu verstehen bedeutet auch, mehr über die eigene Kindheit zu erfahren. Vielleicht gab es gute Gründe dafür, warum einige Ihrer Kindheitswünsche nicht in Erfüllung gingen.

Wenn ich an meine eigene Kindheit zurück-
denke, dann wird mir klar, daß dies eine schwere
Wegstrecke für meine Mutter war. Ich staune
darüber, welche Lasten sie getragen hat, als
meine Geschwister und ich noch klein waren.
Mit drei Kindern im Haus kümmerte sie, die ein
Einzelkind war, sich noch um Mutter und Großmutter. Über zwei Jahre lang war ihre Mutter
schwer an Krebs erkrankt. Sie wohnte in dieser
Zeit bei uns, und Mama versuchte, ihrer täglichen Bedürftigkeit ohne fremde Hilfe nachzu-
kommen.
Meine Urgroßmutter wohnte in jenen Jahren
auch zeitweise bei uns, als sie — neunzigjährig —
nicht mehr in der Lage schien, sich hinreichend
um sich selbst zu kümmern. Intensiv eingeprägt
hat sich mir von damals die Tatsache, daß mein
Bett zunächst ins Zimmer meiner Schwester
geschoben wurde und dann, da wir uns nicht
recht vertrugen, in eine Art Wandschrank
gestellt werden mußte. Großmutter benötigte
mein Zimmer, und als Jüngste war ich am

beweglichsten. Ich dachte damals, daß es schon sehr sonderbar sei, ein Bett im Schrank zu haben und sich anziehen zu müssen, während man auf dem Bett steht, weil daneben zum Stehen kein Platz mehr war. Ich vermute aber, daß es meiner Mutter im Grunde auch nicht recht war, daß Großmutter mein Zimmer übernahm.

Großmutter und Urgroßmutter starben innerhalb eines Jahres. Dies war eine schlimme Zeit im Leben meiner Mutter. Und um dem Ganzen die Krone aufzusetzen, focht ein Verwandter auch noch Großmutters Testament an. Nachdem sie ihre Energie damit verbraucht hatte, diese zwei Frauen zu pflegen, sah sich Mutter nun mit einem an den Kräften zehrenden Familienzwist konfrontiert.

Wenn ich jetzt zurückschaue, dann bin ich richtig bestürzt darüber, wie hart Mutter damals in jenen dunklen Tagen kämpfen mußte. Wen wundert es, daß sie zuweilen die Geduld mit uns Kindern verlor? Wen wundert es, daß sie sich über Kleinigkeiten ärgerte, wo doch Schweres auf ihr lastete? Warum habe ich vor allem soviel Zeit gebraucht, bis ich erkannte, wie geplagt sie damals war und wie sehr sie meine Bewunderung verdiente?

Zuweilen tun unsere Eltern aber das, was sie tun, nicht weil sie irgendwo schwach sind, sondern, weil sie dem besten Rat folgen, der ihnen zur Verfügung steht. Man hat den Eindruck, Pädagogen und Psychologen wechseln ständig ihre Meinung darüber, was Kindern gut tut. Das stellte auch Dan fest, als er sich mit seiner eigenen Vergangenheit beschäftigte. Seine Mutter hatte ihm erzählt, er habe als kleines Kind viel geschrien. Begegnet war sie dieser Situation, indem sie ihn ins Kinderbettchen legte, um ihn dort „ausschreien" zu lassen. Die Fachleute von damals behaupteten nämlich, daß das Aufnehmen eines schreienden Kindes nur zu Verwöhnung führe. Heutzutage ermuntern Pädagogen und Psychologen die Eltern, schreiende Kinder zu wiegen und zu trösten, um ihnen ein Gefühl der Sicherheit zu geben.

Dans Mutter behandelte ihren Sohn keineswegs bewußt grausam. Sie folgte nur dem Rat ihres Arztes! Dan mußte das begreifen lernen, und er mußte aufhören, seine Mutter für die später auftretenden Depressionen verantwortlich zu machen.

Wenn Sie aus einem geschiedenen Elternhaus kommen, dann wollen Sie vielleicht besondere Anstrengungen unternehmen, um jene speziellen Probleme zu begreifen, die Ihnen als Kind geschiedener Eltern zu schaffen machen, wie z.B. die Solidaritätsfrage. Vielleicht wollen Sie auch die Sicht jenes Elternteils besser kennenlernen, von dem Sie getrennt leben. In solch einer Situation ist es schwer, nicht Partei zu ergreifen. Man muß sich schon große Mühe geben, a l l e Umstände einer Scheidung kennenzulernen. Es geschieht äußerst selten, daß eine Scheidung nur von einer Seite verursacht wird, die allein die Fehler gemacht hat. Zu einer schlechten Ehe gehören meistens zwei. Wenn Sie dazu neigen, die Vergangenheit Ihrer Eltern als einen Kampf zwischen Gut und Böse zu sehen, dann müssen Sie wohl doch etwas näher hinschauen, um herauszubekommen, daß der „Böse" genauso seine guten Seiten hat.

Der Umgang mit Kindern

V ielleicht waren es vor allem meine eigenen
Kinder, durch die ich gelernt habe, mich viel
besser in die Lage meiner Mutter zu versetzen.
Der tägliche Umgang mit einem Vorschulkind
und einem Säugling hat mich immer wieder zu
der erstaunten Frage gebracht, wie meine Mutter
mit zwei Kindern zurechtkam, die nur 18
Monate auseinander waren. Als meine Geschwister noch ziemlich klein waren, gesellte ich mich
ganz unerwartet dazu und machte alles noch
komplizierter. Und ausgerechnet als Mutter für
Großmutter und Urgroßmutter sorgte, tat mein
Bruder alles, um ein aufsässiger Teenager zu werden.
Der Umgang mit Kindern macht einem die eigenen Schwächen erst richtig bewußt. An meinen
Töchtern sehe ich meine Fehler riesengroß. Seit
sie geboren sind, habe ich mich meines Erachtens
mehr verändert und bin stärker gewachsen, als in

all den dreißig Jahren zuvor. Ich habe die einschlägige Literatur aus der Bibliothek gelesen und zuweilen den Rat des Fachmanns gesucht, nur um eine bessere Mutter zu werden. Und doch mache ich noch fast jeden Tag Fehler. Ich weiß, daß Fehler zum größten Teil unvermeidbar sind. Ich bin schließlich nur ein Mensch. Und es ist durchaus möglich, daß meine Töchter eines Tages mit Bedauern an dieses oder jenes in ihrer Kindheit zurückschauen.

Wenn ich mich mit meinen eigenen Fehlern auseinandersetzen muß, wächst in mir die Hoffnung, daß meine Kinder eines Tages mir gegenüber vergebungsbereiter und verständiger sind, als ich es zuweilen bei meinen Eltern war. Unter denselben schwierigen Umständen, mit denen es meine Mutter zu tun hatte, würde auch ich ihre Fehler machen. Wie kann ich sie da verurteilen? Wie kann ich sie anders behandeln, als ich es mir von meinen Kinder erhoffe? Erwarte ich nicht Liebe und Respekt?

Gnade

Im Umgang mit unseren Eltern brauchen wir nichts so sehr wie Gnade. Gott hat uns in seiner Güte vergeben und unsere Sünden vergessen. Dasselbe müssen wir mit unseren Eltern tun. Wir müssen Gott darum bitten, daß er uns in seiner Gnade fähig macht, unseren Eltern ihr fehlerhaftes Menschsein zu vergeben, selbst wenn ihre Fehler noch so groß waren. Wir brauchen Gottes Geist, damit er uns eine neue Sicht von unseren Eltern und von unserem Zusammenleben schenkt. Wir brauchen neue Erkenntnisse darüber, warum unsere Eltern so und nicht anders gehandelt haben. Und wir müssen uns neu entscheiden, wie wir auf unsere Kindheitserlebnisse reagieren — mit fortgesetztem Groll oder mit Gottes Gnade.

Fangen Sie noch heute an, um ein neues Verständnis für das Leben Ihrer Eltern zu beten, und machen Sie sich noch heute ans Werk, all den

Unmut aufzuarbeiten, der einer offeneren und liebevolleren Beziehung zu Ihren Lieben im Weg steht.

FRAUENSACHE

Information für die Frau von heute
(natürlich auch für Männer geeignet)

In dieser Reihe liegen vor:

Joyce Landorf
Genau mein Typ!
Wie sich die Frau den Mann wünscht
Edition C, Nr. L 67, 60 Seiten

Barbara Sroka
Single – warum nicht?
Allein und doch nicht einsam
Edition C, Nr. L 83, 62 Seiten

Phil Phillips
Niedlich & grausam!
Womit unsere Kinder spielen
Edition C, Nr. L 68, 61 Seiten

G.Smalley / J.Trent
Vom Segnen
Die Berührung, die verändert
Edition C, Nr. L 84, 57 Seiten

Elise Arndt
Zeit ist – Leben!
Wie man lernt, sie richtig einzuteilen
Edition C, Nr. L 69, 58 Seiten

S.J.Anderson
Die Sehnsucht nach dem Tod
Der Weg zurück zum Leben
Edition C, Nr. L 97, 57 Seiten

Ross Campbell
Lieben ohne Vorbehalt!
Wie Kinder spüren, ob man sie liebt
Edition C, Nr. L 70, 62 Seiten

Joan Lloyd Guest
Den Eltern vergeben
… sich als Erwachsene begegnen
Edition C, Nr. L 98, 68 Seiten

FRANCKE
Verlag der Francke-Buchhandlung GmbH

Reihe „LEBENSWEGE"

Jeder erlebt Streß, Krisen und andere Probleme.
Diese Reihe soll uns lehren, Krisen und Konflikte zu lösen,
anstatt sie beiseite zu schieben oder zu verdrängen.

Bisher liegen vor:

Allan Petersen
... und Baby sind drei
Kinder – Eltern – Großeltern
Edition C, Nr. L 87, 48 Seiten

Allan Petersen
In Krankheit und Gesundheit
Abwehr – Annahme – Hingabe
Edition C, Nr. L 88, 48 Seiten

Allan Petersen
Wenn der Saum zerreißt
Konflikt – Zerwürfnis – Scheidung
Edition C, Nr. L 89, 48 Seiten

Allan Petersen
Der Herbst des Lebens
Alter – Ruhestand – Einsamkeit
Edition C, Nr. L 90, 48 Seiten

FRANCKE
Verlag der Francke-Buchhandlung GmbH